AF603307

1906 - Avril 25

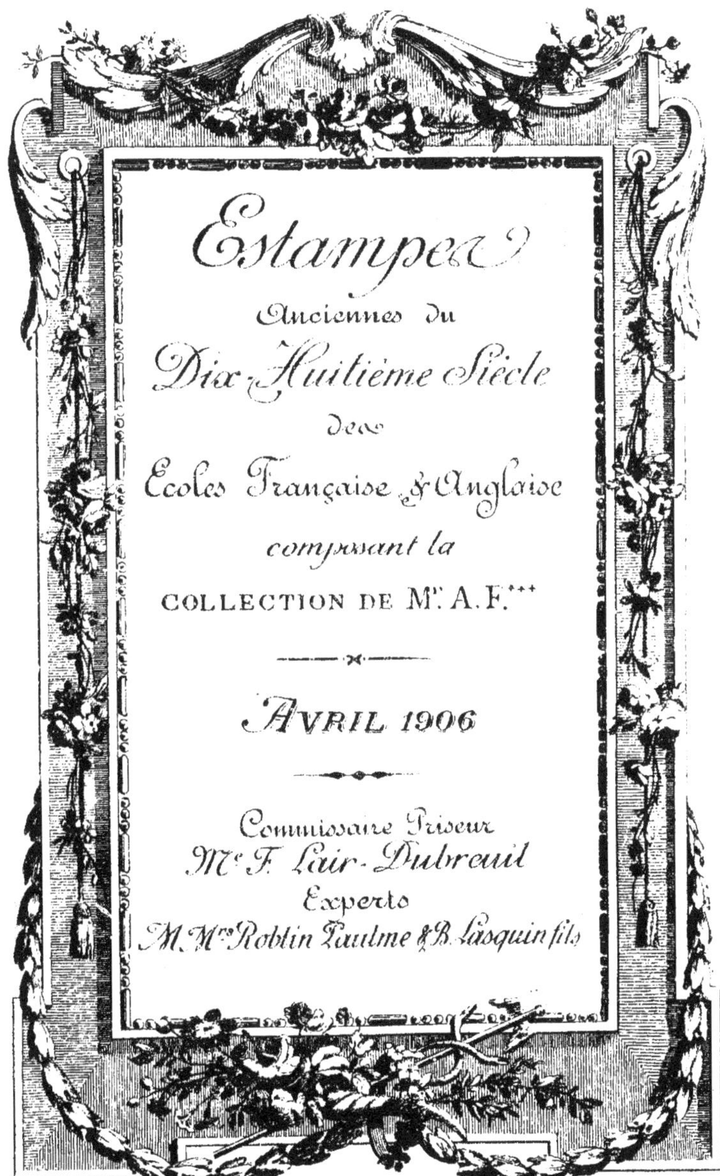

Estampes

Anciennes du

Dix-Huitième Siècle

des

Écoles Française & Angloise

composant la

COLLECTION DE Mr. A. F.***

AVRIL 1906

Commissaire Priseur

Me F. Lair-Dubreuil

Experts

MM. Mrs Roblin Paulme & B. Lasquin fils

COLLECTION DE M. A. F***

DEUXIÈME VENTE

ESTAMPES ANCIENNES

DU XVIIIe SIÈCLE

CATALOGUE

DES

ESTAMPES

ANCIENNES DU XVIIIe SIÈCLE

DES ÉCOLES FRANÇAISE ET ANGLAISE

Imprimées en noir et en couleurs

PAR OU D'APRÈS :

BARTOLOZZI, BAUDOUIN, BERTAUX, BOILLY, BONNET, BOUCHER, CARESME, COUSINS, DEBUCOURT, DEMARTEAU, EISEN, FRAGONARD, FREUDENBERG, GUYOT, HAMILTON, HUET, JANINET, KAUFFMANN, LAVREINCE, TH. LAWRENCE, LEVACHEZ, MALGO, MARIN, MORLAND, PHILIPS, REGNAULT, REYNOLDS, SAINT-AUBIN, SCHALL, SERGENT, SMITH, TAUNAY, WARD, WATTEAU, WHEATLEY, ETC., ETC.

COIFFURES, MODES, ORNEMENTS

PORTRAITS ET PIÈCES HISTORIQUES

Composant la Collection de M. A. F***

DEUXIÈME VENTE

Et dont la Vente aura lieu

HOTEL DROUOT, SALLE N° 7

LE MERCREDI 25 AVRIL 1906

à deux heures

COMMISSAIRE-PRISEUR

Me LAIR-DUBREUIL, 6, rue de Hanovre

EXPERTS

MM. P. ROBLIN, M. PAULME & B. LASQUIN FILS

65, rue Saint-Lazare | 10, rue Chauchat — 12, rue Laffitte

EXPOSITION PUBLIQUE

Le Mardi 24 Avril 1906, de 1 heure 1/2 à 6 heures

CONDITIONS DE LA VENTE

Elle sera faite au comptant.

Les adjudicataires paieront *dix pour cent* en sus des enchères.

L'exposition mettant le public à même de se rendre compte de l'état et de la nature des objets, aucune réclamation ne sera admise une fois l'adjudication prononcée.

Les experts se réservent la faculté de diviser ou de rassembler les lots, et rempliront, aux conditions d'usage, les commissions que voudraient leur confier les amateurs.

N. B. — *Presque toutes les estampes sont encadrées.*

L'ordre numérique du Catalogue sera suivi.

Paris. — Imprimerie de l'Art, E. Moreau et Cie, 41, rue de la Victoire.

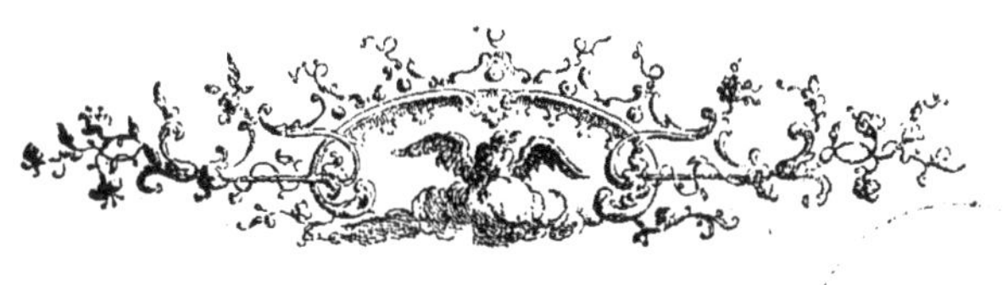

DÉSIGNATION

ALIX (P.-M.)

1 — Costume hambourgeois, d'après Lespinay.

Très belle épreuve imprimée en couleurs. Sans marges.

BARTOLOZZI (Fr.)

2 — Hammond (Louise), d'après Angelica Kauffmann, ovale in-fol.

Très belle épreuve imprimée à la sanguine. Marges.

BARTOLOZZI (Fr.)

3 — Blind man's Buff, d'après Ang. Kauffmann, in-4°.

Très belle épreuve avant la lettre, imprimée en bistre. Marges. Rare.

BARTOLOZZI (Fr.)

4 — Cleopatra and Meleagar.

— Paulus Œmilius.

Deux estampes faisant pendants, d'après Ang. Kauffmann.

Très belles épreuves imprimées à la sanguine. Marges.

BARTOLOZZI (Fr.)

5 — The Birth of Shakespeare, d'après Ang. Kauffmann, ovale in-fol.

Superbe épreuve imprimée à la sanguine. Marges.

BARTOLOZZI (Fr.)

6 — Shakespeare's Tomb, d'après Ang. Kauffmann, ovale in-fol.

Très belle épreuve imprimée à la sanguine. Marges.

BAUDOUIN (D'après P.-A.)

7 — Le Carquois épuisé, par N. de Launay (E. B. 11).

Très belle épreuve. Grandes marges.

BAUDOUIN (D'après P.-A.)

8 — Le Curieux, par Maleuvre (17).

Très belle épreuve. Petites marges.

BAUDOUIN (D'après P.-A.)

9 — Le Danger du tête-a-tête, par Simonet (18).

Très belle épreuve. Grandes marges.

BAUDOUIN (D'après P.-A.)

10 — Le Léger vêtement, par Chevillet (28).

Superbe et rare épreuve du 1er état avant toutes lettres. Petites marges.

BAUDOUIN (D'après P.-A.)

11 — Le Lever, par Massard (29).

Superbe épreuve d'artiste avant toutes lettres et avant l'encadrement. Marges.

BAUDOUIN (D'après P.-A.)

12 — Le Lever (29).

— La Toilette (48).

Deux gracieuses estampes faisant pendants, gravées par Massard et Ponce.

Superbes épreuves avant la lettre, rognées au trait carré.

BAUDOUIN (D'après P.-A.)

13 — La Jeune Bouquetière. Copie de forme ovale de l'estampe de *Marton* (31 *bis*).

Très belle épreuve imprimée en bistre. Grandes marges.

BERTAUX (D'après)

14 — Le Charlatan allemand.

— Le Charlatan français.

Très belles épreuves; la seconde est avant la dédicace. Marges.

BOILLY (D'après L.)

15 — On la tire aujourd'hui, par S. Tresca.

Belle épreuve avant la lettre, imprimée en couleurs. Grandes marges.

BOILLY (D'après L.)

16 — L'Optique, par F. Cazenave.

Très belle épreuve en couleurs. Marges.

BONNET (Louis)

17 — Du Barry (Madame la Comtesse). In-8° ovale, cadre orné. Gravé au pointillé, par Louis Bonnet, 1769.

Très belle épreuve imprimée en couleurs, en imitation de pastel. Petites marges. Très rare.

BOUCHER (D'après Fr.)

18 — L'Amitié réciproque, par L. Bonnet, n° 183.

Très belle épreuve à la sanguine. Marges.

BOUCHER (D'après Fr.)

19 — Le Sommeil interrompu, par L.-M. Bonnet.

Très belle épreuve en couleurs. Marges.

BURKE (Thomas)

20 — Abra. — Una.

Deux pièces faisant pendants, d'après Ang. Kauffmann. Ovales in-fol.

Très belles épreuves imprimées à la sanguine. Marges.

CARESME (D'après Ph.)

21 — Les Époux heureux.

— Les Plaisirs bachiques.

Deux estampes in-4° faisant pendants, gravées par Bonnet et Janinet.

Très belles épreuves imprimées en couleurs. Sans marges.

CHARDIN (D'après J.-B.-S.)

22 — L'Œconome, par J.-Ph. Le Bas (E. B. 39).

Très belle épreuve. Grandes marges.

CHEREAU LE JEUNE

23 — Sabran (Louise-Charlotte de Foix, Comtesse de). In-4°, d'après Van Loo.

Très belle épreuve. Marges.

COIFFURES, MODES

24 — Nouvelles Coëffures en 1785, nos 2 et 6. *C.-L. Desrais, del., 1785*. Vingt-quatre sujets sur deux feuilles.

Très belles épreuves. Marges.

25 — Coëffures et chapeau. Cahier P.-P., nos 227 et 228. Vingt-quatre sujets sur deux feuilles.

Très belles épreuves. Marges.

26 — Bonnets et Cornettes. Cahier P. P., n° 214. Seize sujets à la feuille.

Très belle épreuve. Marges.

27 — Bonnets, Coiffures, Chapeaux. Douze sujets à la feuille.

Très belle épreuve. Marges.

28 — Coëffures, Chapeaux et Bonnet, n° 151. Seize sujets à la feuille.

Très belle épreuve. Marges.

29 — Treizième suite de Coëffures a la mode en 1785. N° 1. Gravé par Dupin, d'après Desrais. Douze sujets à la feuille.

Très belle épreuve. Marges.

30 — Treizième Cahier de Nouvelles Coëffures en 1786. V.V. N° 1. Gravé par Duhamel, d'après Desrais. Douze sujets à la feuille.

Très belle épreuve. Marges.

COIFFURES, MODES

31 — Quatorzième Cahier de Nouvelles Coëffures. XX, n°s 1 et 2, gravées par Baquoy, d'après Desrais. Vingt-quatre sujets sur deux feuilles.

Très belles épreuves. Marges.

32 — Quarante et unième Cahier des Costumes Français. 11e suitte (*sic*), des Coëffures à la mode en 1785, n°s 247 et 248. Gravées par Dupin, d'après Desrais. Trente-deux sujets sur deux feuilles.

Très belles épreuves. Marges.

33 — Coiffures de Paris. — Coiffures et Habillements de Dresde. — Coiffures et Habillements de Leipzig. Vingt-quatre pièces in-18, par Chatelain, Endner, etc.

Très belles épreuves; on y a joint *deux dessins* de costumes et deux pièces diverses. En tout vingt-huit pièces.

COUSINS (Samuel)

34 — The Happy Mother (Lady Dover), d'après Sir Thomas Lawrence. In-fol. à la manière noire.

Superbe épreuve.

COUSINS (Samuel)

35 — Hope (Master), d'après Sir Thomas Lawrence, 1836. In-4° à la manière noire.

Très belle épreuve à toutes marges. Rare.

COUSINS (Samuel)

36 — Lyndhurst (Lady), d'après Sir Thomas Lawrence, 1836. In-4° à la manière noire.

Superbe épreuve du 1er tirage. *Proof.* A toutes marges. Rare.

COUSINS (Samuel)

37 — Nature (Les Enfants Calmady), d'après Sir Thomas Lawrence. In-4° à la manière noire.

Très belle épreuve. Marges.

COUTELLIER

38 — Olivier (Mlle), de la Comédie-Française. In-4°.

Superbe épreuve imprimée en couleurs, avant l'adresse et la dédicace. Grandes marges.

DAWE (D'après G.)

39 — O'Neill (Miss). In the character of Juliet, in-fol. à la manière noire, par G. Mail.

Très belle épreuve. Petites marges.

DEBUCOURT (P.-L.)

40 — Promenade de la Galerie du Palais-Royal (M. F. 11).

Grande pièce in-fol. en larg., gravée en 1787.

« Du genre grotesque, ayant du piquant et de l'originalité. Les figures en sont nombreuses, variées et divertissantes (*Mercure de France*, 30 juin 1787). »

Très belle épreuve imprimée en couleurs. Remargée.

DEBUCOURT (P.-L.)

41 — LE COMPLIMENT OU LA MATINÉE DU JOUR DE L'AN. — LES BOUQUETS, OU LA FÊTE DE LA GRAND'MAMAN (15-16).

Deux pièces ovales in-fol. en hauteur. Au milieu d'un cadre imitant le marbre bleu-veiné, faisant pendant.

Superbes épreuves imprimées en couleurs, très fraîches, et avec marges.

DEBUCOURT (P.-L.)

42 — LE COMPLIMENT OU LA MATINÉE DU JOUR DE L'AN (15).

L'une des deux estampes précédentes.

Très belle épreuve imprimée en couleurs. Petites marges.

DEBUCOURT (P.-L.)

43 — LA ROSE MAL DÉFENDUE (27).

Belle épreuve en couleurs, du premier tirage. Marges. (Petite restauration dans la marge du bas.)

Cadre ancien Louis XVI en bois sculpté et doré.

DEBUCOURT (P.-L.)

44 — LA PROMENADE PUBLIQUE, 1792 (33).

Pièce capitale du maître, in-fol. en larg.

Très belle épreuve imprimée en couleurs. Marges de cuivre.

DEBUCOURT (P.-L.)

45 — Jouis, tendre mère (58). In-fol. à la manière de lavis.

Très belle épreuve. Grandes marges.

DE GOUY

46 — L'Esclave heureux, d'après l'estampe de Hilair.

Très belle épreuve imprimée en couleurs. Petites marges.

DE GOUY

47 — La Gimblette, d'après H. Fragonard.

Très rare épreuve imprimée à la sanguine. Sans marges.

DELION (A Paris, chez)

48 — Napoléon Bonaparte, Empereur des Français et roi d'Italie. In-4°, à cheval.

Très belle épreuve coloriée, à toutes marges.

DEMARTEAU (Gilles)

49 — Groupe d'enfants, d'après Fr. Boucher (n° 153).

Deux amours dans l'espace : l'un soutient une draperie ; l'autre vient en avant avec des roses dans ses mains.

Très belle épreuve aux crayons de couleurs. Grandes marges.

DEMARTEAU (Gilles)

50 — Le Satyre amoureux, d'après Ph. Caresme (n° 542).

Très belle épreuve aux crayons de couleurs.

DRUMMOND (D'après S.)

51 — The Woodman.

Grande estampe gravée par W. Barnard.

Superbe épreuve imprimée en couleurs, remarquable d'impression et de fraîcheur. Marges. Rare.

DUPLESSIS-BERTAUX (D'après)

52 — Indépendance des États-Unis. Médaillon in-4° gravé par L. Roger, 1786.

Très belle épreuve imprimée en couleurs, reproduisant en médaillon les portraits de *Louis XVI*, *Franklin* et *Washington*, et servant de frontispice à la Collection des hommes illustres, publiée chez Blin.

ÉCOLE ANGLAISE

53 — Portrait de fillette, à chevelure bouclée et coiffée d'un large chapeau. Médaillon in-4°.

Splendide épreuve imprimée en couleurs et tirée avec cache. Très rare.

ÉCOLE ANGLAISE

54 — Sous ce numéro, il sera vendu séparément dix-neuf pièces ovales imprimées à la sanguine et gravées par Bartolozzi, Picot, Scorodoomoff, Walker et autres.

Très belles épreuves dans leurs cadres anciens.

ÉCOLE FRANÇAISE DU XVIIIe SIÈCLE

55 — Bacchus et Ariane.

Charmante pièce ovale, sans noms d'artistes. Très belle épreuve imprimée en couleurs.

EISEN (D'après Ch.)

56 — Le Jour, par Patas.

Très belle épreuve. Marges.

57 — La même estampe.

Très belle épreuve. Petites marges.

FRAGONARD (D'après H.)

58 — Le Baiser amoureux, par Marchand.

Très belle épreuve à toutes marges, non ébarbées. Rare en pareille condition.

FRAGONARD (D'après H.)

59 — Les Hazards heureux de l'escarpolette. Estampe in-fol. en haut., gravée par N. de Launay.

Superbe épreuve avant la dédicace. Grandes marges. Cadre ancien en bois sculpté et doré.

FRAGONARD (D'après H.)

60 — Le Petit prédicateur, par N. de Launay.

Superbe épreuve avant la dédicace à toutes marges.

FREUDENBERG (D'après S.)

61 — La Balançoire.

— Le Retour des Champs.

Deux estampes faisant pendants, gravées par Carrée, et publiées chez Chereau.

Très belles épreuves imprimées en couleurs. Grandes marges.

FREUDENBERG (D'après S.)

62 — La Félicité villageoise, par N. de Launay.

Superbe épreuve avant la dédicace. Marges. Rare.

FREUDENBERG (D'après S.)

63 — La Gaieté conjugale, par N. de Launay.

Superbe épreuve avant la dédicace. Marges. Rare.

GAUTIER-DAGOTY (Louis)

64 — Le Retour de l'Enfant prodigue. In-fol., d'après Le Guerchin.

Superbe épreuve imprimée en couleurs, sans aucunes lettres. Marges.

GILLER (W.)

65 — Peel (Lady), d'après sir Thomas Lawrence. In-4° à la manière noire.

Belle épreuve. Toutes marges.

GUYOT

66 — Voltaire (M. Fr. Arouet de). Ovale dans un cadre orné avec scène en bas.

Très belle épreuve imprimée en couleurs. Marges.

GUYOT

67 — Vue du Jardin de la Bastille.

— Vue prise du second Pont-Levis de la Bastille.

Deux estampes in-4° ovales faisant pendants.
Très belles épreuves imprimées en couleurs. Marges.

HAMILTON (D'après W.)

68 — Édouard II le martyr et Elfride.

— Prince Edmond, surnommé Bras-de-Fer et Agithe.

Deux estampes in-fol. en larg. faisant pendants.

Très belles épreuves imprimées à la sanguine. Marges.

HARDING (D'après S.)

69 — Florizel and Perdita, par P. W. Tomkins, pupil of Bartolozzi. Méd. in-fol.

Très belle épreuve imprimée à la sanguine. Petites marges.

HUET (D'après J.-B.)

70 — Les Compliments du Jour de l'An.

— Les Présents du Jour de l'An.

Deux estampes faisant pendants, gravées sous la direction de L. M. Bonnet.

Superbes épreuves avant toutes lettres. Marges.

HUET (D'après J.-B.)

71 — L'Heureux Jour de la France.

Pièce in-fol. en hauteur. *Allégorie sur le Couronnement de Louis XVI et de Marie Antoinette, à Reims, le 11 juin 1775*, par Briceau.

Superbe et très fraîche épreuve imprimée en couleurs. Marges. De toute rareté.

HUET (D'après J.-B.)

72 — Les Échasses, d'après L. M. Bonnet (nº 1016).

Très belle épreuve imprimée en couleurs. A toutes marges.

HUET (D'après J.-B.)

73 — Les Échasses (nº 1016).

— Le Petit Cavalier (nº 1017).

Deux estampes in-4º en largeur, gravées par L. M. Bonnet.

Très belles épreuves imprimées en couleurs. A toutes marges, non ébarbées. Rare en pareille condition.

HUET (D'après J.-B.)

74 — Le Drapeau national, par L. M. Bonnet (nº 1030).

Très belle épreuve imprimée en couleurs. A toutes marges, non ébarbées.

HUET (D'après J.-B.)

75 — Le Tambour national, par L. M. Bonnet (nº 1031).

Très belle épreuve imprimée en couleurs. A toutes marges, non ébarbées.

HUET (D'après J.-B.)

76 — La Bastille détruite ou la Petite Victoire, par L. M. Bonnet (nº 1033).

Très belle épreuve imprimée en couleurs. A toutes marges, non ébarbées.

HUET (D'après J.-B.)

77 — Départ pour le Siège de la Bastille, par L. M. Bonnet (nº 1034).

Très belle épreuve imprimée en couleurs. A toutes marges, non ébarbées.

HUET (D'après J.-B.)

78 — Le Point d'honneur ou le Petit Duel, par L. M. Bonnet (nº 1035).

Très belle épreuve imprimée en couleurs. A toutes marges, non ébarbées.

HUET (D'après J.-B.)

79 — Le Jeu de Tami, par L. M. Bonnet.

Très belle épreuve imprimée en couleurs. Petites marges.

HUET (D'après J.-B.)

80 — Le Jeu du Cerf-Volant, par Bonnet.

Très belle épreuve imprimée en couleurs. Petites marges.

HUET (D'après J.-B.)

81 — Tête de Femme, par Demarteau. In-4° (n° 494).

Très belle épreuve aux crayons de couleurs. Grandes marges.

JANINET (Fr.)

82 — Marie-Antoinette, reine de France et de Navarre. In-fol.

Superbe épreuve ancienne imprimée en couleurs. Très fraîche, rognée à l'ovale. Dans l'entourage doré, tirage moderne.

Cadre ancien en bois sculpté et doré de l'époque Louis XVI.

JANINET (Fr.)

83 — Le Baiser de l'amitié.

— Le Baiser de l'amour.

Deux pièces faisant pendants, d'après Doublet.

Très belles épreuves imprimées en couleurs. Grandes marges.

Cadres anciens à entrelacs, en bois sculpté et doré. Époque Louis XVI.

JANINET (Fr.)

84 — Les Comédiens comiques.

— Le Rendé-vous comique.

Deux pièces faisant pendants, d'après Antoine Watteau.

Superbes épreuves imprimées en couleurs. Grandes marges.

JANINET (Fr.)

85 — L'Offrande a l'amour, d'après Lagrenée.

Superbe épreuve imprimée en couleurs, avant toutes lettres. Marges. Très rare, en aussi bel état de conservation.

JANINET (Fr.)

86 — Le Repas des moissonneurs, d'après P.-A. Wille.

Très belle épreuve imprimée en couleurs. Sans marges.

JOUBERT (A Paris chez)

87 — Le Nouveau-né. In-4°.

Superbe épreuve imprimée en couleurs. Grandes marges. Rare.

Copie française de l'estampe *He Sleeps*, gravée par Bartolozzi, d'après Tomkins.

KAUFFMANN (D'après Ang.)

88 — Richmond (His grace the Dutchess of), par Wm Wynne Ryland. Ovale in-fol.

Superbe épreuve avant la lettre imprimée à la sanguine, les noms des artistes tracés à la pointe. Grandes marges.

KAUFFMANN (D'après Ang.)

89 — Blind Man's Buff, par Tomkins pupil of Bartolozzi. Méd. in-fol.

Très belle épreuve imprimée à la sanguine. Marges.

KAUFFMANN (D'après Ang.)

90 — CORDELIA, par Phillippeaux.

Très belle épreuve imprimée en couleurs.

KAUFFMANN (D'après Ang.)

91 — ERMINIA, par T.-H. Sherwin. Ovale in-fol.

Très belle épreuve imprimée à la sanguine. Marges.

KAUFFMANN (D'après Ang.)

92 — MARIA. Voyage sentimental de Sterne, gravé par Wm Wynne Ryland. Ovale in-fol.

Très belle épreuve imprimée à la sanguine. Marges.

KAUFFMANN (D'après Ang.)

93 — LE MOUCHOIR. Sterne et Maria. Méd. in-fol., gravé par Delatre et Fr. Bartolozzi.

Très belle épreuve imprimée à la sanguine. Marges.

KAUFFMANN (D'après Ang.)

94 — SACRED TO FAME IMMORTALIS THE PHRINE, gravé par D. Jonkins. Ovale in-fol.

Très belle épreuve imprimée à la sanguine. Marges.

LAVREINCE (D'après N.)

95 — L'AVEU DIFFICILE, par Janinet (E.-B. 8).

Superbe épreuve imprimée en couleurs. Très fraîche et avec grandes marges.

LAVREINCE (D'après N.)

96 — Le Billet doux, par N. de Launay (10).

Superbe épreuve du 1er État, à l'eau-forte pure. Dans cet état, le chat qui dort aux pieds de la jeune femme n'existe pas. Grandes marges. Excessivement rare.

LAVREINCE (D'après N.)

97 — Le Billet doux (10).

— Qu'en dit l'Abbé ! (51).

Deux estampes faisant pendants, gravées par N. de Launay.

Très belles épreuves. Grandes marges.

LAVREINCE (D'après N.)

98 — La Consolation de l'absence, par N. de Launay (14).

Très belle épreuve. Petites marges.

LAVREINCE (D'après N.)

99 — L'Ecole de danse, par F. Dequevauviller (22).

Superbe et très rare épreuve avant la lettre. Seulement le titre et le nom des artistes. Très grandes marges.

LAVREINCE (D'après N.)

100 — L'Heureux moment, par N. de Launay (38).

Très belle épreuve. Petites marges.

LAVREINCE (D'après N.)

101 — Le Retour trop précipité, par J.-A. Pierron, 1788 (54).

Très belle épreuve. Grandes marges.

LAWRENCE (D'après Sir Thomas)

102 — Lambton (Master), 1827. In-fol. à la manière noire.

Portrait du dernier fils de John Georges Lambton (*Earl of Durham en 1833*). En pied, de face, assis sur un rocher, la tête appuyée sur le bras gauche, en costume de velours.

Superbe épreuve avant toutes lettres. Grandes marges. Très rare.

LAWRENCE (D'après Sir Thomas)

103 — Portraits of lady Bagot, of the Viscountess of Burghferst, and lady Fitzroy Somerset. In-fol, par J. Thomson.

Très belle épreuve sur papier de Chine. Marges.

LE PRINCE (D'après J.-B.)

104 — L'Enfant chéri, par N. de Launay.

Superbe epreuve avant la dédicace. Marges.

LEVACHEZ

105 — Bonaparte, premier Consul de la République Française, d'après Boilly. In-fol.

Splendide épreuve imprimée en couleurs, avec au bas la Revue de Quintidi, d'après Duplessis-Bertaux. Marges.

LEVILLY

106 — Le Matin ou l'heure du départ.

— La Nuit ou l'heure de l'attente.

Deux estampes faisant pendants, d'après Gianni. Belles épreuves imprimées en couleurs. Marges.

MALGO (S.)

107 — Lamballe (Mar.-Ther. Louise de Savoye Carignan, Princesse de). In-fol. à la manière noire, d'après Anton. Hickel, 1789.

Très belle épreuve. Grandes marges.

MALLET (D'après)

108 — Julie ou le Premier baiser de l'amour, par Copia.

Très belle épreuve avant la lettre. Le nom du graveur tracé à la pointe.

MARIN (L.)

109 — The Charmes of the morning. In-4° ovale.

Superbe épreuve imprimée en couleurs.

MARIN (L.)

110 — Provoking fidelity. In-4° ovale.

Superbe épreuve imprimée en couleurs.

MARIN (L.)

111 — Tête de jeune Femme, dirigée vers la gauche, d'après Le Clerc (n° 229), sous la direction de Bonnet.

Très belle épreuve imprimée en couleurs. Marges.

L'invention de cette nouvelle manière de graver et d'imprimer l'or a été trouvée par Louis Marin, et mise au jour le 16 novembre 1774.

MARIN (L.)

112 — Tête de jeune Femme, profil à droite, d'après Le Clerc (n° 231), sous la direction de Bonnet.

Très belle épreuve imprimée en couleurs. Marges.

L'invention de cette nouvelle manière de graver et imprimer l'or a été trouvée par Louis Marin, et mise au jour le 16 novembre 1774.

MORLAND (D'après G.)

113 — Morning.

— Evening.

Deux pièces faisant pendants, gravées par Ward.

Belles épreuves imprimées en couleurs. Petites marges.

MORLAND (D'après G.)

114 — The Shepherds Boy.

— The Woodcutter.

Deux estampes in-fol. en largeur faisant pendants, gravées à la manière noire par W. Ward.

Superbes épreuves. Grandes marges.

ORNEMENTS

115 — **Forty** (J.-F.). Projet de deux toilettes représentant toutes les pièces qui en dépendent, ornées de figures allégoriques et des attributs qui leurs sont propres. 1er cahier composé de huit feuilles.

Très belles épreuves, à toutes marges.

116 — **La Londe**. Feux, baromètres et pendules. Quatre pièces gravées par Foin.

Très belles épreuves, à toutes marges.

117 — **Ranson**. 4e cahier de trophées, dessinées par Ranson et gravées par Juillet. Suite de six feuilles.

Très belles épreuves, à toutes marges.

118 — **Ranson**. 17e cahier de cartels et trophés. Suite de six feuilles gravées par Berthaut.

Très belles épreuves, à toutes marges.

PAYE (D'après R.-M.)

119 — The Country Girl. In-fol. gravé à la manière noire, par J. Young.

Très belle épreuve. Petites marges.

PHILIPS (G.-H.)

120 — Ashley (The Honble M^rs^), d'après Sir Thomas Lawrence. In-4° à la manière noire.

Belle épreuve. Toutes marges.

PHILIPS (G.-H.)

121 — Dover (Lady), d'après Sir Thomas Lawrence. In-4° à la manière noire.

Très belle épreuve. Grandes marges.

PHILIPS (G.-H.)

122 — Lambton (Master), d'après Sir Thomas Lawrence. In-4° à la manière noire.

Très belle épreuve. Marges.

PHILIPS (G.-H.)

123 — Murray (Miss), d'après Sir Thomas Lawrence. In-4° à la manière noire.

Très belle épreuve. Grandes marges.

PHILIPS (G.-H.)

124 — Sutherland (The Duchess of), d'après Sir Thomas Lawrence. In-4° à la manière noire.

Très belle épreuve. Marges.

QUÉNEDEY

125 — Lafayette (Le Général). Petit médaillon gravé au Physionotrace. (Diam., 40 millim.)

Superbe épreuve avant toutes lettres, en feuille non ébarbée. Très rare en pareille condition.

REGNAULT (N.-F.)

126 — Dors, dors.

— Ah ! s'il s'éveillait.

Deux pièces faisant pendants. Superbes épreuves avant toutes lettres, imprimées à la sanguine. Grandes marges.

RÉVOLUTION FRANÇAISE

127 — Départ de la Milice bourgeoise pour Versailles, le 5 octobre 1789. In-fol. en larg.

Très belle épreuve, gravée au trait et coloriée de l'époque.

RÉVOLUTION FRANÇAISE

128 — Le Retour du Roi a Paris. In-fol. en larg.

Très belle épreuve, gravée au trait et coloriée de l'époque.

RÉVOLUTION FRANÇAISE

129 — Exécution de Louis Capet, XVIe du nom, le 21 janvier 1793. In-fol. en larg. *A Paris, chez Basset.*

Très belle épreuve, coloriée du temps. Marges. Rare.

RÉVOLUTION FRANÇAISE

130 — Exécution de Marie-Antoinette, sur la place de la Révolution. In-fol. en larg. *A Paris, chez Basset.*

Très belle épreuve coloriée du temps, à toutes marges non ébarbées. Rare.

REYNOLDS (D'après Sir)

131 — Crewes (The Miss), par Dixon. In-fol. à la manière noire.

Très belle épreuve, avec de grandes marges.

REYNOLDS (D'après sir Joshua)

132 — Una, par T. Watson, Ovale in-fol.

Très belle épreuve imprimée à la sanguine. Marges.

SAINT-AUBIN (Aug. de)

133 — La Famille Royale. Médaillon sur une pyramide, in-4°, d'après Sauvage (E. B. 153).

Superbe épreuve du 1er État, avant les arbres que l'on voit dans le fond et avant les contre-tailles sur la pyramide. Tablette blanche, sans aucunes lettres.

134 — La même estampe.

Très belle épreuve du 4e État, sans les vers sur la tablette. Marges

SAINT-AUBIN (Aug. de)

135 — Penthièvre (L.-J.-M. de Bourbon, duc de). In-fol. (E. B. 339).

Très belle épreuve avec, au bas, cette mention gravée à la pointe : Ce portrait, commencé par Et. Fessard, a été terminé par Aug. de Saint-Aubin.

Cadre ancien en baguette Louis XVI.

SAINT-AUBIN (D'après Aug. de)

136 — La Vielleuse (E. B. 384).

— L'Élégante (E. B. 386).

Deux pièces in-8°, gravées par J. Gilberg pour la suite : *Habillements à la mode de Paris en l'année 1761*.

Très belles épreuves tirées en imitation de sanguine.

SCHALL (D'après)

137 — Les Espiègles, par Descourtis. In-fol.

Superbe épreuve imprimée en couleurs, avec très grandes marges.

SERGENT (A.-F.)

138 — Portrait en pied du Général Marceau.

« Représenté dans le fort qu'il venait d'enlever, et d'où il commanda l'attaque de la ville de Coblentz; il est peint avec l'uniforme qu'il portait le jour où il fut blessé à mort. »

Superbe épreuve imprimée en couleurs. Grandes marges.

Cadre ancien en bois sculpté et doré, de l'époque Louis XVI.

SERGENT (A.-F.)

139 — Il est trop tard.

Très belle épreuve imprimée en couleurs. Sans marges.

Cadre ancien en baguette Louis XVI.

SMITH (I.)

140 — Portrait de femme a mi-corps, tenant une houlette et une guirlande de fleurs. In-4° à la manière noire.

Très belle épreuve avant toutes lettres. Petites marges.

SMITH (J.-R.)

141 — A Lady and his children releiving a poor cottager.

— Scholl Boys giving charity to a blind man.

Deux belles estampes faisant pendants, d'après W. Bigg.

Superbes épreuves imprimées en bistre et rehaussées de couleurs, à l'époque.

SMITH (J.-R.)

142 — Children of walter Synnot Esqr.

Belle estampe in-fol. en hauteur, gravée à la manière noire, d'après J. Wright of Derby.

Très belle épreuve. Grandes marges.

SMITH (J.-R.)

143 — Charlotte at the Tomb of werter. Méd. in-fol.

Très belle épreuve avant l'adresse. Imprimée en bistre et à la sanguine.

SMITH (J.-R.)

144 — Expectation, d'aprés H.-W. Bunbury. Méd. in-fol.

Très belle épreuve imprimée à la sanguine. Petites marges.

SMITH (J.-R.)

145 — Hobnélia.

— The Spell.

Deux estampes ovales in-4° faisant pendants.
Très belles épreuves imprimées en bistre. Marges.

SMITH (J.-R.)

146 — A Visit to the grandmother, d'après J. Northcote. In-fol. à la manière noire.

Très belle épeuve. Marges.

SMITH (J.-R.)

147 — Wood-Nymph, d'après Woodford. Ovale in-4°.

Très belle épreuve imprimée en bistre. Marges.

SMITH et **WARD**

148 — Almeida.

— Lucy of Leinster.

Deux charmantes pièces in-4° ovales faisant pendants.

Superbes épreuves imprimées en bistre et les chairs en rose. A toutes marges, non ébarbées. Très rare en pareille condition.

SMITH et **WARD**

149 — A Visit to the grandmother.

— A Visit to the grandfather.

Deux estampes in-fol. faisant pendants, gravées à la manière noire, d'après Northcote et J.-R. Smith.

Très belles épreuves. Petites marges.

TAUNAY (D'après N.)

150 — Noce de Village.

Une des plus intéressantes de la collection, par Descourtis.

Très belle épreuve imprimée en couleurs du premier tirage, avec les armoiries. Petites marges.

THOUVENIN

151 — L'Amour et l'Amitié. A Paris, chez Bonnefoy.

Très belle épreuve imprimée en couleurs. Grandes marges.

TROY (D'après De)

152 — Toilette pour le bal.

— Retour du bal.

Deux estampes in-fol. faisant pendant, gravées par Beauvarlet.

Très belles épreuves avec marges (la première a une petite restauration dans la marge du bas).

VERNET (D'après C.)

153 — Fanchon la Vielleuse. In-fol.

Très belle épreuve coloriée.

WARD (J.) et **GIANNI** (D'après)

154 — Le Printemps. L'Été. L'Automne. L'Hiver.

Suite de quatre pièces, gravées par Bartolotti et Tresca.

Très belles épreuves imprimées en couleurs. Marges.

WATTEAU (D'après Ant.)

155 — La Perspective, par Crespy (152).

Très belle épreuve d'un état non décrit avec le titre écrit : *La Persepective*. Marges.

Cette estampe représente une Vue du jardin de l'abbé Crozat à Montmorency.

WATTEAU (D'après Ant.)

156 — Le Plaisir pastoral, par N. Tardieu (154).

Très belle épreuve. Petites marges.

WESTALL (D'après A.)

157 — Les Bergers écossais.

— L'Enfant en nourrice.

Deux estampes faisant pendants, gravées par A. Cardon.

Très belles épreuves imprimées en couleurs.

WHEATLEY (D'après F.)

158 — MILK BELOW, MAIDS.

Deuxième planche de la suite des *Cris de Londres*, Petit in-fol. en hauteur, par Schiavonetti.
Très belle épreuve tirée en noir. Marges.

WHEATLEY (D'après F.)

159 — ITINÉRANT POTTERS.

— WOODMEN GOING FROM WOOD.

Deux pièces in-fol. faisant pendants, gravées par Eginton.

Superbes épreuves imprimées en couleurs, remargées.

WILLIAMS (Sol.ⁿ)

160 — SIMPLICITY, DEDICATED TO THE R[t] Hou[ble] VISCOUNTESS DOW[r] ANDOVER.

Pièce in-fol. publiée en 1805.
Très belle épreuve imprimée en couleurs. Marges.

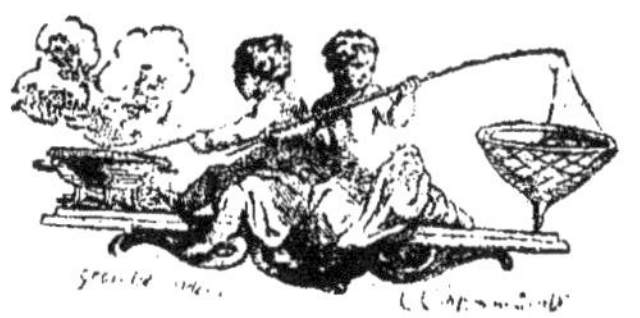

www.ingramcontent.com/pod-product-compliance
Ingram Content Group UK Ltd.
Pitfield, Milton Keynes, MK11 3LW, UK
UKHW021101270726
13994UKWH00009B/1736